HEINRICH MEIER

Was ist Politische Theologie?
What Is Political Theology?

Carl Friedrich von Siemens Stiftung
München

HEINRICH MEIER

Was ist Politische Theologie?

Einführende Bemerkungen zu einem umstrittenen Begriff

Der Begriff der Politischen Theologie ist aufs engste mit dem Namen Carl Schmitts verbunden. Er ist von Schmitt nicht nur »in die Literatur eingeführt worden«, wie Erik Peterson 1935 schrieb.[1] Heute, siebzig Jahre später, wird man feststellen können, daß Schmitt ihm über Fächer- und Ländergrenzen, über politische und theologische Trennungslinien hinweg zu einer veritablen Weltkarriere verholfen hat. Vor allem aber wird durch ihn Schmitts eigene Position bestimmt. Der Begriff *Politische Theologie* benennt das Zentrum von Schmitts theoretischem Unternehmen. Er bezeichnet die einheitsstiftende Mitte eines Œuvre, das reich ist an historischen Wendungen und politischen Windungen, an absichtsvollen Irreführungen und unfreiwilligen Dunkelheiten. Allein die enge Verbindung mit diesem Œuvre, das wie wenige Feindschaft gesät und Feindschaft geerntet hat, reichte aus, um die Politische Theologie zu einem umstrittenen Begriff zu machen.

Die Sache der Politischen Theologie ist freilich weder mit der Karriere des Begriffs gleichzusetzen, noch ist sie mit Schmitts Theoriebildung in die Welt gekommen. Sie ist so alt wie der Offenbarungsglaube, und sie wird nach mensch-

1 Erik Peterson: *Der Monotheismus als politisches Problem. Ein Beitrag zur Geschichte der politischen Theologie im Imperium Romanum.* Leipzig 1935, S. 158.

lichem Ermessen ebensolange fortbestehen, wie der Glaube an einen Gehorsam verlangenden Gott fortbestehen wird. Die Frage *Was ist Politische Theologie*? führt und weist also weit über die Auseinandersetzung mit der Position Schmitts hinaus. Sie ist von sehr viel grundsätzlicherer Bedeutung. Wer immer sie indes heute stellt, stellt sie im Horizont der Debatte, die Schmitt inauguriert hat. Er trifft auf Meinungen, begegnet Erwartungen und Voreingenommenheiten, die aus dieser Debatte erwachsen sind, und wird schon deshalb gut daran tun, beim Beginn des gegenwärtigen Streites zu beginnen. Der Blick auf den ersten Theoretiker in der Geschichte der Politischen Theologie, der sich den Begriff zu eigen machte, wirft im übrigen Licht auf die Sache selbst.

Nicht weniger als dreimal, an drei sehr verschiedenen Wegmarken und in drei höchst unterschiedlichen geschichtlichen Augenblicken, hißt Schmitt weithin sichtbar die Flagge *Politische Theologie*. 1922 veröffentlicht er das erste Buch mit dieser Überschrift. Sein Untertitel lautet: *Vier Kapitel zur Lehre von der Souveränität*. 1934 läßt er eine gekürzte und stellenweise veränderte Neuauflage erscheinen, der er eine aufschlußreiche »Vorbemerkung zur zweiten Ausgabe« voranstellt. Ein halbes Menschenalter später legt Schmitt dann – es handelt sich um seine letzte selbständige Publikation – die *Politische Theologie II* vor. Ihr Untertitel *Die Legende von der Erledigung jeder Politischen Theologie* signalisiert dem Leser bereits auf dem Umschlag, daß ihm ein umkämpfter Begriff entgegengehalten wird und daß er sich auf eine legendenumwobene Sache einzulassen hat. Die Legende von ihrer »Erledigung« ist dabei nur eine unter mehreren Legenden, die die Politische Theologie umgeben. Eine andere, besonders wohlgelittene, reduziert die Politische Theologie auf ein bloßes Säkularisierungs-Theorem oder verharmlost sie gar zu einer »wissenschaftstheoretischen« bzw. »begriffsgeschichtlichen« These, welche bestimmte »Entsprechungen«, »Analogien«, »Struktur-Identitäten« in Theologie und Jurisprudenz zum Gegenstand habe. Schmitt hat diese Legende nach Kräften genährt, indem er die *Politische Theologie* von 1922 retrospektiv zu einer »rein juristischen Schrift« stilisierte und alle seine Äußerungen zum Thema als »Aussagen eines Juristen« deklarierte, der sich im »Bereich rechtsgeschichtlicher und soziologischer Forschung« bewegte.[2]

Um zu verstehen, was für eine Flagge Schmitt hißt, wenn er, ohne jede Erklärung, einem Buch den Titel *Politische Theologie* gibt, muß man Schmitts eigenen Verständnisprinzipien zufolge wissen, gegen welchen Feind sie gehißt wird, welche »konkrete Gegensätzlichkeit« er mit dem Begriff »im Auge« hat.[3] Schmitt nimmt den Ausdruck nicht von der Stoa[4] oder Varro[5] auf, sondern von Bakunin. Er

2 Carl Schmitt: *Politische Theologie II.* Berlin 1970, S. 30, 101, Anm. 1 (cf. S. 22, 98 und 110). Schmitt scheut sich nicht, an gleicher Stelle die Behauptung einzustreuen: »Meine Schrift ›Politische Theologie‹ von 1922 trägt den Untertitel ›Vier Kapitel zur Soziologie des Souveränitätsbegriffes‹«. Der *nächstliegende* Grund für Selbststilisierungen dieser Art, deren Unhaltbarkeit jeder sorgfältige Leser der *Politischen Theologie* wie der *Politischen Theologie II* – von den übrigen Schriften Schmitts ganz zu schweigen – erkennen kann, wird gegen Ende der zitierten Anmerkung angedeutet. Zum *tiefsten* Grund von Schmitts defensiver Strategie siehe meine Schrift *Carl Schmitt, Leo Strauss und »Der Begriff des Politischen«. Zu einem Dialog unter Abwesenden.* Stuttgart 1988, S. 75–77; beachte den besonders krassen und für unser Thema schlagenden Fall, der S. 86, Anm. 92 mitgeteilt wird.

3 Carl Schmitt: *Der Begriff des Politischen.* München–Leipzig 1932; Neuausgabe Berlin 1963, S. 31.

4 Cf. Karl Reinhardt: *Poseidonios.* München 1921, S. 408 ff.

5 M. Terentius Varro: *Antiquitates Rerum Divinarum.* Ed. Burkhart Cardauns. Wiesbaden 1976, Bd. I, fr. 6, 7, 9, 10, S. 18–20 u. 37; cf. Kommentar, Bd. II, S. 139–142 und siehe Ernest L. Fortin: »Augustine and Roman Civil Religion: Some Critical Reflections« in: *Études Augustiniennes*, Paris 1980, Bd. XXVI, S. 238–256.

knüpft nicht an die Tradition der *theologia tripertita*[6] an, sondern antwortet auf die Herausforderung des russischen Anarchisten. Bakunin hatte den Begriff Mazzini entgegengeschleudert.[7] Er gebrauchte ihn als Waffe in einem Krieg, in dem sich unter dem Banner des Satans und dem Zeichen Gottes zwei unversöhnliche Heerlager gegenüberstehen.[8] Schmitt führt die Waffe im gleichen Krieg, aber er will mit ihr dem anderen Lager zum Sieg verhelfen – wobei das, was für den atheistischen Anarchisten nichts als menschengemachte Fiktion ist, für den politischen Theologen als gottgegebene Wirklichkeit Gültigkeit besitzt. Bakunin attackiert die Wahrheit der Offenbarung und leugnet die Existenz Gottes, er will den Staat beseitigen und verneint den universalen Anspruch des römischen Katholizismus. Unter der Losung *Ni Dieu ni maître* begehrt er »mit skythischer Wucht« gegen alle Herrschaft, alle Ordnung, alle Hierarchie, gegen göttliche wie menschliche Autorität auf.[9] Mit ihm sieht Schmitt den »eigentlichen Feind aller überlieferten Begriffe der westeuropäischen Kultur« die Arena betreten. In ihm glaubt er, den »Barbaren in der russischen Räterepublik« um Generationen vorauseilend, den konsequentesten Widersacher von Moral und Religion, von Papst

6 Cf. Godo Lieberg: »Die ›theologia tripertita‹ in Forschung und Bezeugung« in: *Aufstieg und Niedergang der römischen Welt* I 4. Berlin–New York 1973, S. 63–115.

7 Michail Bakunin: *La Théologie politique de Mazzini et l'Internationale*, St. Imier 1871 (wiederabgedruckt in: *Œuvres complètes* I. Leiden 1961/Paris 1973).

8 *La Théologie politique de Mazzini. Œuvres complètes* I. S. 43/44; cf. S. 45 und 72.

9 »Toute autorité temporelle ou humaine procède directement de l'autorité spirituelle ou divine.« Michail Bakunin: *Dieu et l'Etat* (1871). *Œuvres complètes* VIII. Paris 1982, S. 173.

Carl Friedrich von Siemens Stiftung

Südliches Schlossrondell 23 · D-80638 München
Telefon 089/178033-0 · Fax 089/172371
Prof. Dr. Heinrich Meier · Geschäftsführer

und Gott, Idee und Geist zu erkennen.[10] Von Bakunin dazu bestimmt, den Gegner zu brandmarken und ins Herz zu treffen, gegen den der Anarchist zu Felde zieht, macht Schmitt sich den polemischen Begriff zu eigen, um das, was ihm 1922 als der äußerste Angriff auf Theologie und Politik erscheint, mit der entschiedensten Bejahung beider zu beantworten.[11]

Die »konkrete Gegensätzlichkeit«, im Blick auf welche Schmitt den Ausdruck »Politische Theologie« zu seinem Begriff macht, ist der Gegensatz von Autorität und Anarchie, von Offenbarungsglaube und Atheismus, von Gehorsam und Empörung gegen den höchsten Souverän. *Autorität, Offenbarung* und *Gehorsam* sind aber unabhängig von der Aktualisierung, die Schmitt ihr im einzelnen zuteil werden läßt, die entscheidenden Bestimmungen *der Sache*

10 Carl Schmitt: *Politische Theologie*. München–Leipzig 1922, S. 45, 49, 50, 55, 56 (Zweite Ausgabe. München–Leipzig 1934, S. 64/65, 69, 71, 81, 83/84); *Römischer Katholizismus und politische Form*, Hellerau 1923, S. 74–78 u. 80 (Zweite, leicht veränderte, Auflage, München 1925, S. 49–51 u. 53); *Die geistesgeschichtliche Lage des heutigen Parlamentarismus*. Zweite Auflage. München–Leipzig 1926, S. 79, 83, 87; cf. *Der Begriff des Politischen*, S. 60, 64 und insbesondere die dritte Fassung. Hamburg 1933, S. 45.

11 Schmitt erwähnt die Schrift *La Théologie politique de Mazzini* nicht. Wohl aber sagt er über Bakunin: »Sein Kampf gegen den Italiener Mazzini ist wie das symbolische Vorpostengefecht einer ungeheuern weltgeschichtlichen Umwälzung, die größere Dimensionen hat als die Völkerwanderung. Für Bakunin war der *Gottesglaube* des Freimaurers Mazzini, *wie jeder Gottesglaube*, nur ein Beweis von Knechtschaft und die *eigentliche Ursache* alles Übels, aller staatlichen und politischen Autorität; es war metaphysischer Zentralismus.« *Römischer Katholizismus*, S. 75 (49) (meine Hervorhebung). Vergleiche außerdem die Gegenüberstellung von Bakunin und Mazzini im letzten Satz des Buches, das nach Schmitts Mitteilung in der *Politischen Theologie* »gleichzeitig« mit dieser »im März 1922« geschrieben wurde. Die *Politische Theologie* selbst kulminiert in einer Attacke auf den Feind, den Schmitt mit seiner Titel-Wahl ins Visier nimmt: Im Schlußsatz figuriert Bakunin als »der Theologe des Anti-Theologischen« und »der Diktator einer Anti-Diktatur«. Daß Schmitt, gerade was die Schlüsselbegriffe und -sentenzen seines Werkes anbetrifft, ganz bewußt auf »Quellenangaben« verzichtet, läßt sich an einer Reihe von Beispielen zeigen. Siehe dazu *Carl Schmitt, Leo Strauss und »Der Begriff des Politischen«*, S. 54, 91, Anm. 103 und 104; cf. S. 70/71.

der Politischen Theologie. Ebenweil Bakunin mit seiner Anklage das im doppelten Sinn des Wortes »Richtige« negierte,[12] kann Schmitt die *Politische Theologie* in einen positiven Begriff verwandeln, ohne daß dieser – weder für Schmitt selbst noch für einen anderen politischen Theologen – polemisch an Bakunin oder an den Gegensatz zum Anarchismus gebunden bliebe.[13] *Politische Theologie* als eine politische Theorie oder politische Doktrin verstanden, die für sich in Anspruch nimmt, auf den Glauben an die göttliche Offenbarung gegründet zu sein, wird jetzt zu einem Begriff der Selbstverortung und Selbstcharakterisierung. In diesem Sinne bedienen sich seiner fortan nicht nur politische Theologen, die unmittelbar und zustimmend an die Lehre Carl Schmitts anknüpfen,[14] sondern ebenso und noch zahlreicher solche, die Schmitts politische Optionen scharf ablehnen und *seinen* Glauben nicht teilen: politische

12 Bakunin negierte, was Schmitt als das an ihm selbst Richtige galt: Die Autorität Gottes und des Staats. Und er negierte für Schmitt das Richtige, insofern er Schmitt in den Stand setzte, die Politische Theologie aus einem negativen in einen positiven Begriff zu verwandeln, um ihn sich so, für seine eigenen Zwecke, zu eigen zu machen.

13 Beachte die Feind- und Selbst-Bestimmung am Ende des »Nachworts« (S. 124–126), das Schmitt zu seiner *Politischen Theologie II* geschrieben hat und das den mit Abstand wichtigsten Beitrag des ganzen Buches darstellt. Cf. Carl Schmitt: *Donoso Cortés in gesamteuropäischer Interpretation*. Köln 1950, S. 9/10.

14 Frühe Beispiele sind das Buch des protestantischen Theologen Alfred de Quervain: *Die theologischen Voraussetzungen der Politik. Grundlinien einer politischen Theologie* (Berlin 1931) oder der Aufsatz »Politische Theologie« des katholischen Theologen Karl Eschweiler (*Religiöse Besinnung*, Stuttgart, Jg. 1931/32, H. 2, S. 72–88). Inzwischen ist die Flut der Bücher und Aufsätze, die »Politische Theologie« im Titel führen, unübersehbar geworden. Es sei hier angemerkt, daß der erste Essay, der zu Schmitt überhaupt erschien, »Carl Schmitts Politische Theologie« überschrieben war (*Hochland*, Juni 1924, S. 263–286). Allerdings ist seinem Autor, dem zunächst stark vom Anarchismus beeindruckten, dann prononciert katholischen Schriftsteller Hugo Ball, das konzeptionelle Herzstück der Politischen Theologie Schmitts, die zwischen 1927 und 1933 ausgearbeitete Neufassung des Begriffs des Politischen, noch nicht bekannt gewesen.

Theologen mit konservativer oder liberaler Grundhaltung, revolutionärer oder gegenrevolutionärer Gesinnung, die sich zum Katholizismus oder Protestantismus, zum Judentum oder zum Islam bekennen. Man ist versucht zu sagen, der Begriff *Politische Theologie* habe über Bakunin und Schmitt zu seiner Sache gefunden.

Dennoch müssen wir für einen Augenblick zu Schmitt zurückkehren. *Politische Theologie* ist die treffende, die einzig angemessene Bezeichnung für Schmitts *Lehre*.[15] Schmitt gebraucht den Begriff zugleich aber als universell einsetzbare *Waffe* im Rahmen und zur Beförderung der Zwecke seiner Politischen Theologie. Der Begriff markiert so einerseits Schmitts Ort im politischen Glaubenskampf. Andererseits ist er das von Schmitt virtuos genutzte Instrument, um den Gegner zur Teilnahme an diesem Kampf zu zwingen. Denn *Politische Theologie* nennt Schmitt nicht etwa nur solche politischen Theorien, die, wie seine eigene, die Verankerung in der Theologie für sich geltend machen. Vielmehr weiß er »Politische Theologien« auch dort noch aufzuspüren, wo jede Theologie ausdrücklich verworfen, das Politische verneint und alle Politische Theologie für

15 In meinem Buch von 1988 habe ich das ausführlich zu entwickeln und genauer zu begründen versucht. Am selben Ort habe ich Schmitts Position einer eingehenden Kritik unterzogen (s. insbes. S. 49 ff., S. 88 ff.). Durch die Nachlaßpublikation *Glossarium. Aufzeichnungen der Jahre 1947–1951* (Berlin 1991) hat diese Interpretation eine unverhofft deutliche Bestätigung erfahren (cf. z. B. S. 28, 63, 89, 95, 139, 165, 203, 212, 213, 269, 283). Desgleichen sehe ich mich in jeder Weise in meiner Kritik bestärkt. Nach der Lektüre der Nachkriegsaufzeichnungen wird es wohl schwerfallen, Schmitts antisemitische Attacken aus der Zeit vor 1945 als »Opportunismus« oder als Akte der »Tarnung« herunterzuspielen und den Zusammenhang mit seiner Politischen Theologie zu leugnen; cf. *Carl Schmitt, Leo Strauss und »Der Begriff des Politischen«*, S. 14 f., Anm. 5, S. 50 f., Anm. 40, S. 70 f., Anm. 64, S. 90 und, im Zusammenhang entfaltet: *Die Lehre Carl Schmitts. Vier Kapitel zur Unterscheidung Politischer Theologie und Politischer Philosophie*. Stuttgart–Weimar 1994. Zweite Auflage. Mit einem Nachwort. Stuttgart–Weimar 2004, S. 231–243.

überwunden gehalten wird.[16] Die gegnerischen Positionen beruhen entweder auf der Theologie entlehnten »Übertragungen« und »Umbesetzungen«; sie stellen sich als Formen und Produkte der »Säkularisierung« heraus; oder sie werden als Metaphysik malgré lui ausgegeben. Schmitts Politische Theologie, ihr »integres Wissen« um den »metaphysischen Kern aller Politik«, liefert die theoretische Grundlage für einen Kampf, in dem immer nur Glaube auf Glaube treffen kann – in dem der rechte Glaube den tausend Spielarten des Irrglaubens gegenübertritt. Auf dem Terrain der Politischen Theologie gibt es keine »Neutralen«, sondern allenthalben »politische Theologen«, und handele es sich um »Theologen des Anti-Theologischen«. Auch wer sich im Glaubensstreit für unwissend oder unzuständig erklärt, entgeht dem Zwang zur Parteinahme nicht: An der Wahrheit der Offenbarung scheiden sich Freund und Feind. Wer sie leugnet, ist ein Lügner. Wer sie in Frage stellt, gehorcht dem Widersacher. Wer sich nicht für sie entscheidet, der entscheidet sich gegen sie. Die Wahrheit, die die Politische Theologie beansprucht, erweist ebendarin ihre alles ergreifende, alles durchherrschende Gewalt, daß sie zur Entscheidung zwingt, daß sie zu einem Entweder-Oder aufruft, dem sich niemand zu entziehen vermag.

Die Politische Theologie ist nicht zuletzt deshalb ein umstrittener Begriff, weil sie von politischen Theologen

16 Hierzu und zum Folgenden nähere Nachweise in *Carl Schmitt, Leo Strauss und »Der Begriff des Politischen«*, S. 77–88. – Im Text der *Politischen Theologie* gebraucht Schmitt den Begriff »politische Theologie« genau dreimal: S. 40, 44, 45 (56, 63, 64). Die erste und dritte Verwendung bezieht sich auf die »Schriftsteller der Restaurationszeit«, die politischen Theologen Maistre, Bonald, Donoso Cortés, Stahl (cf. *Der Begriff des Politischen*, S. 64; dritte Fassung, S. 45); die zweite bringt den Begriff mit Kelsens Auffassung der Demokratie als dem »Ausdruck relativistischer, unpersönlicher Wissenschaftlichkeit« in Zusammenhang.

selbst bevorzugt als Waffe des Streites verwendet wird. Schmitt hat das Spiel à deux mains mit dem Begriff vortrefflich beherrscht, und seine Besonderheit besteht darin, daß er sich der Politischen Theologie auch nach der »positiven Umbesetzung« als einer Waffe bedient, um die Auseinandersetzung mit dem Feind auf der eigenen, auf der von ihm bestimmten Ebene führen zu können. Während Schmitt sich seine Feinde mit dem Begriff gleichsam »verwandt« zu machen sucht, wird dieser von anderen politischen Theologen häufig gerade in umgekehrter Absicht gebraucht: um Distanz zu politischen Theologen zu schaffen, deren politische Theorien man für falsch oder gar verwerflich hält, und um Politische Theologien zu treffen, deren Glaubensgrundlagen dem eigenen Glauben widerstreiten.

Das berühmteste Beispiel für diese weit verbreitete Praxis ist im zwanzigsten Jahrhundert der *Monotheismus*-Traktat Erik Petersons aus dem Jahre 1935, der in der seitdem viel zitierten These von der »theologischen Unmöglichkeit einer ›politischen Theologie‹« kulminiert. Im Gewande einer gelehrten Abhandlung, in deren Mittelpunkt die Kritik der Politischen Theologie des Bischofs Eusebios von Cäsarea steht, erteilt der langjährige Freund und Kritiker Schmitts politischen Berufungen auf theologische Vorstellungen, die er als Mißbrauch der christlichen Theologie beurteilt, eine entschiedene Absage. Der christliche Theologe kommt zu dem Schluß, durch das trinitarische Dogma sei »grundsätzlich der Bruch mit jeder ›politischen Theologie‹ vollzogen, die die christliche Verkündigung zur Rechtfertigung einer politischen Situation *mißbraucht*«.[17] Wie immer man die Überzeugungskraft

17 *Der Monotheismus als politisches Problem*, S. 99 (meine Hervorhebung).

dieses Argumentes unter theologischen und historischen Gesichtspunkten einschätzen mag, keinem Zweifel kann unterliegen, daß der Traktat eine ganz *bestimmte* Art von Politischer Theologie attackiert. Sein Verdikt gilt der theologischen Legitimierung einer politischen Herrschaft – jedenfalls soweit der Autor diese Herrschaft politisch-theologisch mißbilligt –, etwa nach der Formel *Ein Gott, Ein Herrscher der Welt*. Petersons theologische Schrift ist ein Versuch gezielter politischer und innerkirchlicher Einflußnahme.[18] Sie enthält eine deutliche Mahnung an den alten Freund, der sich zwischenzeitlich dem nationalsozialistischen Regime dienstbar gemacht hatte. Und sie stellt nicht zuletzt einen Angriff gegen das Judentum dar.[19] Ein hochpolitischer Traktat also, eines politischen Theologen von hohen Graden, wie jeder aufmerksame Leser seiner Schriften feststellen kann.[20]

18 Siehe dazu die ebenso kenntnisreiche wie erhellende Dissertation von Barbara Nichtweiß: *Erik Peterson. Neue Sicht auf Leben und Werk*. Freiburg i. Br. 1992, S. 764–779.

19 »Nur auf dem Boden des Judentums oder Heidentums kann es so etwas wie eine ›politische Theologie‹ geben.« *Der Monotheismus als politisches Problem*, S. 99/100. Cf. Karl Löwith: *Mein Leben in Deutschland vor und nach 1933*. Stuttgart 1986, S. 94, und beachte die Aussage Petersons aus dem Jahr 1925, es gebe keine Theologie bei Juden und Heiden, die ich in meiner Münchner Antrittsvorlesung *Warum Politische Philosophie?* (Stuttgart–Weimar 2000, S. 24/25) anführe.

20 Cf. *Der Monotheismus als politisches Problem*, S. 70, 95–97, ferner den Aufsatz »Kaiser Augustus im Urteil des antiken Christentums. Ein Beitrag zur Geschichte der politischen Theologie« in *Hochland*, August–September 1933, S. 289–299, insbes. S. 289 und 298/299, aber auch *Die Kirche aus Juden und Heiden* (Salzburg 1933, S. 24–26, 31, 34, 40, 42, 56, 62, 64, 71 Anm. 28) sowie das dem *Monotheismus*-Traktat nachfolgende Buch *Zeuge der Wahrheit* (Leipzig 1937, S. 14/15, 20, 22, 39–45, 58, 60, 68). Barbara Nichtweiß hat in ihrer Arbeit eine Fülle zusätzlichen Materials aus dem noch unveröffentlichten Nachlaß ausgebreitet, das belegt, wie sehr Peterson *politischer Theologe* war (S. 789/790, 797/798, 805, 807 und insbes. 820–826). Siehe dazu jetzt Erik Peterson: *Offenbarung des Johannes und politisch-theologische Texte*. Aus dem Nachlass herausgegeben von Barbara Nichtweiß und Werner Löser SJ. Würzburg 2004, insbes. »Politik und Theologie«, S. 238–246, »Der Fürst dieser Welt«, S. 256–258, und »Die Wunder des Antichrist«, S. 264–266.

Daß der Begriff der Politischen Theologie in vielfältiger Weise als Waffe gebraucht wird, macht die Klärung in der Sache keineswegs zu einem aussichtslosen Unterfangen. Das unbestreitbare Faktum, daß die Zahl der politischen Theologen wächst, die sich des Begriffs zur Selbstverortung und Selbstcharakterisierung bedienen, ist von weit größerem Gewicht. Es eröffnet die Möglichkeit, den Begriff so zu verwenden, daß er die Sache, nach der die Frage *Was ist Politische Theologie?* fragt, trifft, ohne sie zu attackieren; daß er die bedeutendsten Vertreter dieser Sache einbegreift, ohne ihnen Gewalt anzutun; und daß er ein Begriff der Unterscheidung bleibt, ohne der Diskriminierung Vorschub zu leisten. Die Sache haben wir bereits namhaft gemacht: eine politische Theorie, politische Doktrin oder politische Positionsbestimmung, für die nach dem Selbstverständnis des politischen Theologen die göttliche Offenbarung die höchste Autorität und die letzte Grundlage ist. Unter den bedeutendsten Vertretern der Politischen Theologie sind in der Geschichte des Christentums Paulus[21] ebenso zu nennen wie Tertullian oder Augustin, Luther oder Calvin. Ein Begriff der Unterscheidung schließlich bleibt die *Politische Theologie*, insofern sie durch eine unaufhebbare Differenz von der *Politischen Philosophie* geschieden ist.

Die Politische Theologie und die Politische Philosophie verbindet die Kritik an der selbstvergessenen Ausblendung oder der absichtsvollen Ausklammerung des Wichtig-

21 Jacob Taubes hat, selbst aus der Position der Politischen Theologie heraus argumentierend, wenige Wochen vor seinem Tode *Die Politische Theologie des Paulus* zum Gegenstand einer Folge von Vorträgen gemacht, welche er an der Forschungsstätte der evangelischen Studiengemeinschaft in Heidelberg über den *Römerbrief* hielt (München 1993).

sten. Beide sind sich darin einig, daß der in der Sphäre des Politischen ausgetragene Streit über das Richtige – die gerechte Herrschaft, die beste Ordnung, den wirklichen Frieden – der grundlegende Streit und daß die Frage *Wie soll ich leben?* die erste Frage für den Menschen ist. Mit der Antwort jedoch, die sie auf diese Frage geben, stehen sie in einem unüberbrückbaren Gegensatz zueinander.[22] Während die Politische Theologie rückhaltlos auf das *unum est necessarium* des Glaubens baut und in der Wahrheit der Offenbarung ihre Sicherheit findet, stellt die Politische Philosophie die Frage nach dem Richtigen ganz und gar auf den Boden »menschlicher Weisheit«,[23] um sie hier in der grundsätzlichsten und umfassendsten Art und Weise zu entfalten, die dem Menschen aus eigenen Kräften zu Gebote steht. In der umfassendsten Weise, insofern alle bekannten Antworten geprüft, alle denkbaren Argumente aufgenommen, alle Forderungen und Einwände, die autoritativ zu sein beanspruchen, in die Auseinandersetzung einbezogen werden, diejenigen eingeschlossen, welche die Politische Theologie vorbringt oder vorbringen kann. In der grundsätzlichsten Reflexion, da der Boden, auf dem die Auseinandersetzung stattfindet, durch kein Argument hintergehbar oder überbietbar ist und die Lebensweise, welche die umfassendste Auseinandersetzung mit der Frage nach dem Richtigen eröffnet, selbst zu deren zentralem Gegenstand erhoben wird.

22 Eingehend hierzu neben meinem *Dialog unter Abwesenden* von 1988 das Zwillingsbuch *Die Lehre Carl Schmitts. Vier Kapitel zur Unterscheidung Politischer Theologie und Politischer Philosophie* von 1994. Vergleiche die Unterscheidung zwischen Politischer Theologie und Politischer Philosophie, die Ralph Lerner und Mushin Mahdi für die Welt des mittelalterlichen Judentums und Islams vornehmen: *Medieval Political Philosophy: A Sourcebook.* Ithaca–New York 1978 (zuerst Glencoe, Ill. 1963), S. 7–20.

23 Platon: *Apologie des Sokrates* 20d–e.

Die Politische Theologie verneint die Möglichkeit einer rationalen Begründung der eigenen Lebensweise von Anbeginn an. Sie weiß, daß sie auf Glauben gegründet ist, und sie will es sein, weil sie an die *Wahrheit des Glaubens* glaubt. Ihr ordnet sie alles unter, auf sie führt sie alles zurück. Indem sie die Verbindlichkeit der Offenbarung verficht, stellt sie sich in den Dienst des Gehorsams. Um ihr oder sich selbst zu gehorchen, muß sie Theorie aus Gehorsam, für den Gehorsam und um des Gehorsams willen, sein wollen. Der *Gehorsam des Glaubens*[24] ist die raison d'être der Politischen Theologie im besten Verstande. Daß die Lehren und Forderungen, die der glaubende Gehorsam aus der Offenbarung herzuleiten vermag, voneinander abweichen und einander sogar heftig widersprechen können, widerspricht nicht dem Prinzip, das die Politische Theologie regiert. Sie mag mit Gründen für die Obrigkeit oder für die Revolution eintreten, oder sich in einer konkreten geschichtlichen Situation jeder politischen Option im *engeren* Sinne enthalten.

Die hier knapp umrissene Antwort auf die Frage *Was ist Politische Theologie?* verfolgt zum einen die Absicht, einem diffus verwendeten Begriff die Schärfe zurückzugeben, die Unterscheidungen in der Sache allererst möglich macht.[25] Zum anderen versucht sie, den Wahrheitsanspruch

24 Cf. Calvins Kommentar zu *Römer* 1, 5 (Kritische Edition T. H. L. Parker. Leiden 1981, S. 16).

25 Sie hilft auseinanderzuhalten, was nicht zusammengehört und doch, ohne Rücksicht auf das Wichtigste, häufig vermengt wird. So ist etwa Rousseaus *Religion civile*, die in der Diskussion um die Politische Theologie lange Zeit eine prominente Rolle spielte, ein Konzept der Politischen Philosophie. Die »Glaubensartikel«, die Rousseau in *Du contrat social* IV, 8 »comme sentiments de sociabilité« postuliert, werden von einem politischen Theoretiker vorgeschlagen, der dezidiert kein politischer Theologe war und der die Voraussetzungen der Politischen Theologie einer weitreichenden Kritik unterzog. Cf. *Discours sur l'origine et les fondements de l'inégalité parmi les hommes.* Kritische Edition. Paderborn 1984, 5. Aufl. 2001, S. XXXII ff., 70 ff., 104, 150, 168, 270, 318 ff., 386 ff.

der Politischen Theologie radikal ernst zu nehmen, um sich in den Umkreis ihrer Stärke zu stellen. Denn nur wenn die Politische Philosophie die Politische Theologie im Umkreis ihrer Stärke aufsucht oder, was ebensoviel besagt, wenn sie sie selbst denkt, vermag die Politische Philosophie in der Auseinandersetzung mit der Politischen Theologie Klarheit über die eigene Sache zu gewinnen und kann sie erkennen, was sie nicht ist, was sie nicht sein kann und was sie nicht sein will.[26]

Erhält die Frage *Was ist Politische Theologie?* ihr philosophisches Gewicht im Hinblick auf die Selbsterkenntnis des politischen Philosophen, so erwächst ihre politische Aktualität aus dem zunehmenden Interesse, auf das die Politische Theologie in jüngster Zeit stößt. Es speist sich aus ganz unterschiedlichen Quellen und läßt sich in weit auseinanderliegenden Quartieren beobachten. Vier Aspekte seien stichwortartig genannt. Der Kollaps des Sowjetimperiums und die Erosion der marxistischen Hoffnungen, die ihm weltweit vorausging, haben mancherorts die Suche nach einer neuen Glaubensgewißheit inspiriert. Die Offenbarungsreligionen versprechen nicht nur eine Sicherheit, an die keine der verblaßten Ideologien heranreicht. Sie scheinen außerdem einen wirksamen Gegenhalt zu der im globalen Maßstab siegreichen Verbindung von Liberalismus und Kapitalismus zu bieten, ja eine Alternative zum Säkularis-

26 Die Linien der Argumentation, die ich 1994 in *Die Lehre Carl Schmitts* entfaltete, sind weiter ausgezogen und fortgeführt in meinem Epilog *Eine theologische oder eine philosophische Politik der Freundschaft?* zur *Erweiterten Neuausgabe* von *Carl Schmitt, Leo Strauss und »Der Begriff des Politischen«*. Stuttgart–Weimar 1998, p. 153–190. Teil II des Epilogs setzt sich im Lichte der Unterscheidung von Politischer Theologie und Politischer Philosophie mit Jacques Derridas *Politiques de l'amitié* auseinander. Cf. außerdem meine beiden Schriften *Warum Politische Philosophie?* Stuttgart–Weimar 2000, und *Das theologisch-politische Problem. Zum Thema von Leo Strauss.* Stuttgart–Weimar 2003.

mus der Moderne insgesamt zu eröffnen. Das Gewicht, das beiden Momenten im politisch-religiösen Radikalismus antiwestlicher Prägung zukommt, ist offenkundig. Es handelt sich bei ihm freilich nur um eine, wenn auch um die gegenwärtig spektakulärste Spielart des Wiedererstarkens der islamischen, jüdischen und christlichen Orthodoxien. Sowohl die Entzauberung der politisch-antireligiösen Utopien als auch die Heilserwartungen, die an die Errichtung eines Gottesstaates geknüpft sind, haben der Frage nach dem Verhältnis von Politik und Religion eine Dringlichkeit zurückgegeben, die ihr lange Zeit nur wenige zuerkannten. Verglichen mit den drei skizzierten Gesichtspunkten – den frei flottierenden Sehnsüchten nach einer neuen, absoluten Verbindlichkeit, der Rückkehr der Orthodoxien und der Besinnung auf die Frage der theologisch-politischen Grundlagen des Gemeinwesens – erscheint der vierte Aspekt von nachgeordneter Bedeutung. Gleichwohl sollte er im Hinblick auf das intellektuelle Klima nicht unterschätzt werden, in dem eine Politische Theorie an Anziehungskraft gewinnt und Gehör zu finden vermag, die den Anspruch erhebt, auf den Glauben an die göttliche Offenbarung gegründet zu sein. Die Rede ist von jenen diffusen Erwartungen, die im breiten Strom der »Postmoderne« um »das Ereignis« kreisen, das, so es eintritt, der »Wüstenwanderung« ein Ende setzen wird, jedoch, wenn es sich unverstellt in seiner Andersheit zeigen, eben als »das Ereignis« eintreten soll, nicht zum Gegenstand des vorstellenden, unterscheidenden, mithin auf Herrschaft zielenden Denkens gemacht werden darf. Jean-François Lyotard hat das göttliche Gebot, das an Abraham erging, Isaak zu opfern, und Abrahams glaubenden Gehorsam als Paradigma »des Ereignisses« – des unvorhersehbaren Rufes wie der Haltung, in der auf ihn zu antworten sei – in Erinnerung gebracht. Die Nähe einiger »postmoderner« Autoren nicht nur zu dem berühmten religiösen Schriftsteller aus Kopenhagen, sondern auch zu dem politischen Theologen aus Plettenberg ist größer, als es auf den ersten Blick scheinen mag. Sie sind den entscheidenden Bestimmungen seiner Sache – Autorität, Offenbarung und Gehorsam – auf eine intrikate Weise zugewandt, dans un état de latence ou dans un état de langueur.

HEINRICH MEIER

What Is Political Theology?

The concept of political theology is most intimately connected with the name of Carl Schmitt. Not only was it »introduced in the literature« by Schmitt, as Erik Peterson wrote in 1935.[1] Today, seventy years later, one has to say that Schmitt has helped the concept »political theology« to gain prominence throughout the world, across disciplinary and national boundaries, as well as across political and theological fronts. Above all, however, Schmitt's own position is determined by the concept. Political theology names the core of Schmitt's theoretical enterprise. It characterizes the unifying center of an oeuvre rich in historical turns and political convolutions, in deliberate deceptions and involuntary obscurities. The intimate connection with this oeuvre, which has sowed enmity and reaped enmity as only few have, would alone be enough to make political theology a controversial concept.

Neither is the issue of political theology, of course, to be equated with the concept's gain in prominence nor did it enter into the world with the articulation of Schmitt's theory. Political theology is as old as faith in revelation, and it will continue to exist, as far as human beings can tell, as long as faith in a God who demands obedience continues to exist. The question »What is political theology?« thus leads

1 Erik Peterson, *Der Monotheismus als politisches Problem. Ein Beitrag zur Geschichte der politischen Theologie im Imperium Romanum* (Leipzig: Jakob Hegner, 1935), 158.

and points far beyond the confrontation with, or reflection on, Schmitt's position. It is of far more fundamental significance. Yet whoever poses the question today asks it within the horizon of the debate that Schmitt inaugurated. The questioner runs up against opinions, expectations, and prejudices that have emerged from this debate. That is precisely why he would be prudent to begin at the beginning of the present quarrel. Furthermore, the consideration of the first theoretician in the history of political theology to make that concept his own and to use it for the purpose of self-characterization sheds light on the issue of political theology itself.

On no less than three occasions, during three quite different phases of his career, and in three very different historical moments, Schmitt raises the flag of *Political Theology* for all to see. In 1922 he publishes the first book with this title. The subtitle reads: *Four Chapters on the Doctrine of Sovereignty*. In 1934, one year after joining the National Socialist Party, he publishes an abridged and revised edition, which he now opens with a most instructive introduction. Nearly forty years later, he presents his final book-length publication under the title *Political Theology II*. Its subtitle, *The Legend of the Disposal of Every Political Theology*, already signals to the reader on the cover that he is faced with a disputed concept and that in reading the book he will be dealing with a case surrounded by legends. But the legend Schmitt refers to here – the legend promulgated by Erik Peterson and his followers of the final disposal of all political theology – is only one among many legends that surround political theology. Another rather widespread legend reduces the concept to a simple and narrow technical term to be used by historians interested in the secularization of theological concepts during the different phases of modernity, or it detoxifies and renders political theology a thesis in the fields of »philosophy of science« or »conceptual history,« which is concerned with certain »correspondences,« »analogies,« or »structural affinities« between theology and jurisprudence. Yet it was precisely this legend that Schmitt tried to support in his last work when, in retrospect, he styled his *Political Theology* of 1922 as a »purely juridical text« and asserted that all of his remarks on that topic were »statements of a jurist« who moved in the »sphere of inquiry in the history of law and in sociology.«[2]

In order to grasp what kind of flag Schmitt raises when, without any explanation whatsoever, he chooses the title *Political Theology* for a book on the doctrine of sovereignty, one has to know – in keeping with Schmitt's own explicitly stated principles of understanding – which enemy it is raised against, which »concrete opposition« he has »in view« when using the concept.[3] Schmitt does not take the expression from the Stoics[4] or from Varro,[5] as did Augustine

2 Carl Schmitt, *Politische Theologie II. Die Legende von der Erledigung jeder Politischen Theologie* (Berlin: Duncker & Humblot, 1970), 30, 101 n. 1; cf. 22, 98, 110. Schmitt does not hesitate to slip into the same passage the statement: »My writing *Politische Theologie* of 1922 bears the subtitle *Vier Kapitel zur Soziologie des Souveränitätsbegriffes* [*Four Chapters on the Sociology of the Concept of Sovereignty*].« The *most obvious* reason for self-stylizations of this kind – the indefensibility of which any careful reader of *Political Theology* and *Political Theology II*, to say nothing of Schmitt's other writings, will readily discern – is alluded to towards the end of the cited note. Concerning the *most profound* reason for Schmitt's defensive strategy, see my *Carl Schmitt and Leo Strauss: The Hidden Dialogue*, trans. J. Harvey Lomax (Chicago: University of Chicago Press, 1995), 57–60; notice the especially blatant instance documented on 77 n. 92.

3 Carl Schmitt, *Der Begriff des Politischen* (Munich/Leipzig: Duncker & Humblot, 1932; new ed. 1963), 31.

4 Cf. Karl Reinhardt, *Poseidonios* (Munich: Beck, 1921), 408 ff.

5 M. Terentius Varro, *Antiquitates Rerum Divinarum*, ed. Burkhart Cardauns (Wiesbaden: Steiner, 1976), vol. I, fr. 6, 7, 9, 10, pp. 18–20 and 37; cf. commentary, vol. II, pp. 139–44, and see Ernest L. Fortin, »Augustine and Roman Civil Religion: Some Critical Reflections,« *Études Augustiennes* 26 (1980), 238–56.

and his followers – and as all of Schmitt's predecessors had done – with the intention of criticizing political theology. Instead, he takes it from Bakunin. He does not follow the long tradition of the *theologia tripertita*,[6] but responds to the challenge of the Russian anarchist. Bakunin had hurled the concept against Mazzini, attacking what he called »*la théologie politique de Mazzini*.«[7] He used it as a weapon in a war in which two irreconcilable armies face one another, one under the banner of Satan, the other under the sign of God.[8] Schmitt uses the weapon in the same war. But he wants to help the opposite camp to victory – and whereas everything said about the struggle between God and the Devil was nothing but a man-made fiction for the atheistic anarchist, the very same thing is a God-given reality for the political theologian. Bakunin attacks the truth of revelation and disavows the existence of God; he wants to do away with the state; and he negates the universal claim of Roman Catholicism. Under the slogan *Ni Dieu ni maître*, he revolts »with Scythian fury« against all dominion, all order, all hierarchy, against divine as well as human authority.[9] In Bakunin Schmitt sees the »true enemy of all traditional concepts of Western European culture« enter the arena. In Bakunin he believes he discerns, generations ahead of the »barbarians in the Russian republic of soviets,« the most persistent adver-

6 Cf. Godo Lieberg, »Die ›theologia tripertita‹ in Forschung und Bezeugung,« *Aufstieg und Niedergang der römischen Welt* I, 4 (Berlin/New York: de Gruyter, 1973), 63–115.

7 Mikhail Bakunin, *La Théologie politique de Mazzini et l'Internationale* (1871), in *Œuvres complètes* I (Paris: Champ Libre, 1973).

8 Ibid., 43–44; cf. 45 and 72.

9 »Toute autorité temporelle ou humaine procède directement de l'autorité spirituelle ou divine.« Mikhail Bakunin, *Dieu et l'Etat* (1871), in *Œuvres complètes* VIII (Paris: Champ Libre, 1982), 173.

sary of morality and religion, of the pope and God, of idea and spirit.[10] Whereas Bakunin used the term »political theology« to brand and mortally wound the opponent against whom the anarchist is waging his war, Schmitt makes the polemical concept his own so as to answer with the most decisive affirmation what seems to him in 1922 to be the most extreme assault on theology and politics.[11]

The »concrete opposition« in view of which Schmitt makes the concept »political theology« his own is thus the opposition between authority and anarchy, faith in revelation and atheism, obedience to and rebellion against the supreme sovereign. But *authority, revelation*, and *obedience* are the decisive determinations of *the substance* of political theology – independent of the particular actualization of it advanced by Schmitt. Precisely because with his indict-

10 Carl Schmitt, *Politische Theologie. Vier Kapitel zur Lehre von der Souveränität* (Munich/Leipzig: Duncker & Humblot, 1922), 45, 49, 50, 55, 56 (2d ed., 1934: 64–65, 69, 71, 81, 83–84); *Römischer Katholizismus und politische Form* (Hellerau: Jakob Hegner, 1923), 74–78 and 80 ([Munich/Rome: Theatiner, 2d, slightly rev. ed., 1925], 49–51 and 53); *Die geistesgeschichtliche Lage des heutigen Parlamentarismus* (Munich/Leipzig: Duncker & Humblot, 2d ed., 1926), 79, 83, 87; cf. *Der Begriff des Politischen*, 60, 64, and esp. the third version (Hamburg: Hanseatische Verlagsanstalt, 1933), 45.

11 Schmitt makes no mention of *La Théologie politique de Mazzini*. Yet he does say of Bakunin: »His battle against the Italian Mazzini is like the symbolic border skirmish of a vast world-historical upheaval that has greater proportions than the migration of the Germanic peoples [in the late Roman Empire]. For Bakunin, the Free Mason Mazzini's *faith in God* was, *just as all faith in God*, only proof of slavery and the *true root* of all evil, of all governmental and political authority; it was metaphysical centralism« (*Römischer Katholizismus*, 75 [49]; my emphasis). Furthermore, cf. the contrast drawn between Bakunin and Mazzini in the last sentence of that book, which, according to Schmitt's report in his *Politische Theologie*, was written »at the same time« as this »in March 1922.« His *Politische Theologie* itself culminates in an attack on the enemy, on whom Schmitt trains his sights in choosing his title: the concluding sentence figures Bakunin as »the theologian of the anti-theological« and »the dictator of an anti-dictatorship.« That Schmitt, precisely as far as the key terms and sentences of his work are concerned, quite consciously abstains from giving »references« can be shown by a number of examples. On this, see *The Hidden Dialogue*, 46, 82 nn. 103 and 104; cf. 61–62.

ment, Bakunin negated the »right« thing (*das Richtige*) in the twofold sense of the word,[12] Schmitt can transform political theology into a positive concept without its remaining – neither for Schmitt himself nor for any other political theologian – polemically dependent on Bakunin or the opposition to anarchism.[13] Political theology, understood as a political theory or a political doctrine that claims to be founded on faith in divine revelation, now becomes for the first time a concept of self-identification and self-characterization. Not only political theologians who take up Schmitt's teaching or refer approvingly to it will use the concept in the future in this new, affirmative sense.[14] This is also and ever more frequently true of those who sharply reject Schmitt's political options or do not share his faith:

12 The two senses of *das Richtige* (the right thing) are, on the one hand, that which is in itself right – for Schmitt, that is the authority of God and the state, which Bakunin negates. On the other hand, it is the thing whose negation enables Schmitt to transform »political theology« into a positive concept and thereby to reverse the value of a concept, which in Bakunin's parlance is thoroughly negative. It is the »right thing« because its negation is just what Schmitt needs in order to appropriate it for his own purposes.

13 Consider the determination of the enemy and of his own identity at the end of the »Afterword« (124–26), which Schmitt wrote for his *Politische Theologie II* and which is by far the most important part of the entire book. Cf. Carl Schmitt, *Donoso Cortés in gesamteuropäischer Interpretation* (Cologne: Greven, 1950), 9–10.

14 Early examples are the book by the Protestant theologian Alfred de Quervain, *Die theologischen Voraussetzungen der Politik. Grundlinien einer politischen Theologie* (Berlin: Furche-Verlag, 1931), and the essay »Politische Theologie« by the Catholic theologian Karl Eschweiler in *Religiöse Besinnung* 1931–32, no. 2: 72–88. In the meantime, the flood of books and essays that include the concept »political theology« in their titles has become vast. It is noteworthy that the first essay ever written about Schmitt was entitled »Carl Schmitts Politische Theologie« (in *Hochland* [June 1924], 263–86). However, its author – the writer Hugo Ball, who was first strongly influenced by anarchism and was then adamantly Catholic – was not yet familiar with the conceptual heart of Schmitt's political theology, the new version of the concept of the political, which was worked out between 1927 and 1933.

political theologians whose basic attitude is conservative or liberal, who have revolutionary or counterrevolutionary convictions, whose creeds may be Catholicism or Protestantism, who may belong to Judaism or Islam. One is tempted to say that the concept of political theology – via Bakunin's challenge and Schmitt's response – finally found its way to its true substance.

We must return, however, to Schmitt for a moment. »Political theology« is the apt and solely appropriate characterization of Schmitt's *doctrine*.[15] But at the same time the concept serves Schmitt as a universally deployable *weapon* within the framework, and for the promotion of the aims, of his political theology. The concept thus marks, on the one hand, Schmitt's locus within the political battle of faith. On the other hand, it is the instrument he uses with the greatest skill in order to force his adversary to join in this battle. For he does not use the term »political theology« only for political theories that, like his own, claim to be anchored in theology. Rather, he knows how to detect »political theologies« even where all theology is expressly repudiated, where the political is negated, and where all

15 In *The Hidden Dialogue*, which was first published in 1988, I sought to develop this point at greater length and to argue it with greater precision. In the same work I have subjected Schmitt's position to an in-depth critique (see esp. 41 ff. and 79 ff.). This interpretation was unexpectedly and quite clearly confirmed by the publication of *Glossarium. Aufzeichnungen der Jahre 1947–1951*, ed. E. Freiherr von Medem (Berlin: Duncker & Humblot, 1991) from Schmitt's literary estate (cf., e.g., 28, 63, 89, 95, 139, 165, 203, 212, 213, 269, 283). By the same token, I regard this work as having confirmed my critique in all points. After a reading of the postwar notes, it should now be difficult to play down Schmitt's anti-Semitic attacks from the period before 1945 as »opportunism« or as acts of »camouflage« and to deny their connection with his political theology. Cf. *The Hidden Dialogue*, 6–7 n. 5, 43 n. 40, 61–62 n. 64, and 81, as well as *The Lesson of Carl Schmitt: Four Chapters on the Distinction between Political Theology and Political Philosophy*, trans. Marcus Brainard (Chicago: University of Chicago Press, 1998), 151–59.

political theology is declared to have been »disposed of.«[16] Either the adversaries' positions are based on »transfers« and »recastings,« or they prove to be forms and products of »secularization,« or they are passed off as metaphysics *malgré lui*. Schmitt's political theology, its »pure and whole knowledge« about the »metaphysical core of all politics,« provides the theoretical foundation for a battle in which only faith meets faith – in which the right faith counters the thousand varieties of heretical faith. On the plane of political theology, there can be no »neutral parties,« but always only »political theologians,« even if they be »theologians of the antitheological« – as Schmitt likes to refer to Bakunin. Neither indifference nor ignorance offers a way out. The truth of revelation calls for and brings about the distinction between friend and enemy. Whoever denies that truth is a liar. Whoever places it in question obeys the Old Enemy. Whoever does not side with it sides against it. The truth to which political theology lays claim proves its power to seize everything and to permeate everything precisely by forcing everyone to make a decision, by confronting everyone with an Either-Or that cannot be evaded.

One reason why political theology is a controversial concept is that political theologians themselves prefer to use it as a weapon in their battles. Schmitt excelled in this game *à deux mains*, his peculiarity being that he used the concept of political theology even after its »positive recasting« as a

16 On this and what follows, see the references in *The Hidden Dialogue*, 68–79. – In the text of his *Politische Theologie*, Schmitt uses the concept »political theology« exactly three times: on 40, 44, 45 (56, 63, 64). The first and third employments refer to the »writers of the Restoration,« the political theologians Maistre, Bonald, Donoso Cortés, Stahl; the second, by contrast, has the concept appear in the context of Kelsen's view of democracy as the »expression of relativistic, impersonal scientificity.«

weapon to force his enemy to fight on Schmitt's own battleground. But whereas Schmitt seeks to make his enemies, as it were, »akin« to himself with the concept, it is frequently used by other political theologians with quite the opposite intention: in order to distance themselves from political theologians whose political doctrines they disapprove of and to attack any political theology that is not grounded in their own faith.

In the twentieth century, the most famous example of this rather common practice is Erik Peterson's 1935 treatise on monotheism, which culminates in his oft-cited thesis of the »theological impossibility of a ›political theology.‹ « In the guise of a learned book in the center of which stands the critique of the political theology of Eusebius, bishop of Caesarea, Schmitt's friend from the 1920s attacks all those political applications of theological notions that he considers to be misuses of Christian theology. The Christian theologian reaches the conclusion that »in principle,« the Trinitarian dogma marks »the break with every ›political theology‹ that *misuses* the Christian Proclamation for the justification of a political situation.«[17] Whatever one may think about the persuasiveness of this assertion from a theological or historical point of view, there can be no doubt that Peterson's book attacks a particular kind of political theology. His verdict is aimed at the theological legitimation of a political rule or regime – at least to the extent that the author disapproves of that rule or regime for political-theological reasons – for example, the legitimation expressed in the formula »One God, one ruler of the world.« Peterson's theological treatise is an attempt to exert influence in a pur-

17 Peterson, *Der Monotheismus als politisches Problem*, 99 (my emphasis).

posive manner both politically and within the church.[18] It contains a clear admonition addressed to his old friend, who in the meantime had made himself an advocate of the National Socialist regime. And last but not least, the book contains a barely hidden attack on Judaism.[19] Thus, it is a highly political treatise, written by an extraordinarily gifted political theologian, as any unbiased reader of his works can see.[20]

That the concept of political theology is used in many different ways as a weapon does not render hopeless the attempt to clarify the substance of political theology. Of far greater weight is the incontestable fact that the number of political theologies that avail themselves of the concept in characterizing their *own* positions is growing. Thus, it has become possible to employ the concept in such a way that it, firstly, names the cause aimed at in the question »What is political theology?« without attacking it; secondly, includes the most important representatives of this cause without doing violence to them; and, thirdly, remains a concept of distinction without fostering discrimination in a pejorative

18 On this point, see the informative and illuminating dissertation by Barbara Nichtweiß, *Erik Peterson. Neue Sicht auf Leben und Werk* (Freiburg: Herder, 1992), 764–79.

19 »There can be something like a ›political theology‹ only on the ground of Judaism and paganism.« *Der Monotheismus als politisches Problem*, 99–100. Cf. Karl Löwith, *Mein Leben in Deutschland vor und nach 1933* (Stuttgart: Metzler, 1986), 94, and consider my »Why Political Philosophy?«, in: *The Review of Metaphysics* 56, no. 2 (December 2002), 397 note 21.

20 Peterson, *Der Monotheismus als politisches Problem*, 70, 95–97, and »Kaiser Augustus im Urteil des antiken Christentums. Ein Beitrag zur Geschichte der politischen Theologie,« in *Hochland* 30, no. 2 (Aug.–Sept. 1933), 289–99, esp. 289 and 298–99, but also *Die Kirche aus Juden und Heiden* (Salzburg: Anton Pustet, 1933), 24–26, 31, 34, 40, 42, 56, 62, 64, 71 n. 28, as well as the book that immediately followed *Der Monotheismus als politisches Problem*, namely, *Zeuge der Wahrheit* (Leipzig: Jakob Hegner, 1937), 14–15, 20, 22, 39–45, 58, 60, 68. Nichtweiß has presented a wealth of additional material from Peterson's unpublished papers that shows just how much he was a political theologian; cf. 789–90, 797–98, 805, 807, and esp. 820–26.

sense. I have already defined the cause: a political theory, political doctrine, or a political position for which, on the self-understanding of the political theologian, divine revelation is the supreme authority and the ultimate ground. Among the most important representatives of political theology in the history of Christianity, Paul[21] may be named, as well as Tertullian and Augustine, Luther and Calvin. Finally, political theology remains a concept of distinction insofar as it is separated by an ineradicable difference from *political philosophy*.

Political theology and political philosophy are bound together by the critique of the self-forgetful obfuscation or of the intentional bracketing of what is most important. Both agree that the quarrel over what is right – over what is just rule, the best order, real peace – is the fundamental quarrel and that the question »How should I live?« is the first question for man. However, with the answer that each gives to this question, they stand in insuperable opposition to one another.[22] Whereas political theology builds unreservedly on the *unum est necessarium* of faith and finds security in the truth of revelation, political philosophy raises the question of what is right entirely on the ground of »human wisdom«[23] so as to develop the question in the most funda-

21 Arguing from the standpoint of political theology, Jacob Taubes himself made »Paul's political theology« the object of a series of lectures held on the *Epistle to the Romans* at the Forschungsstätte der evangelischen Studiengemeinschaft in Heidelberg just a few weeks before his death (*Die politische Theologie des Paulus* [Munich: Fink, 1993]).

22 For a discussion of this, see my *The Hidden Dialogue*, as well as *The Lesson of Carl Schmitt*. Compare the distinction between political theology and political philosophy which Ralph Lerner and Mushin Mahdi draw in the world of medieval Judaism and Islam: *Medieval Political Philosophy: A Sourcebook* (Glencoe, Ill.: Free Press, 1963; Ithaca, N.Y.: Cornell University Press, 1978), 7–20.

23 Plato, *Apology* 20d–e.

mental reflection and the most comprehensive way available to man. In the most comprehensive way, insofar as all known answers are examined, all conceivable arguments are taken up, and all demands and objections that claim to be authoritative are included in the philosophical confrontation – in particular, those that political theology advances or could advance. In the most fundamental reflection, because the level on which the confrontation takes place cannot be surpassed or outbid by any argument, and because the way of life that enables the most comprehensive confrontation with the question »What is right?« is itself made the central object of that confrontation, or thorough reflection.

From the very beginning, political theology denies the possibility of a rational justification of one's own way of life. Political theology knows that it is grounded in faith and wants to be so grounded because it believes in the *truth of faith*. Political theology subordinates everything to this truth; it traces everything back to this truth. Insofar as political theology champions the binding force of revelation, it places itself in the service of obedience. To obey revelation or be consistent with itself, political theology has to want to be »theory« out of obedience, in support of obedience, and for the sake of obedience. The *obedience of faith*[24] is the raison d'être of political theology in the best sense. The fact that the doctrines and demands that the believing obedience is able to derive from revelation can deviate from and even massively contradict one another does not contradict the principle that rules political theology. Political theology may support worldly authority or revolution. In a concrete

24 Cf. Calvin's commentary on Romans 1:5, in *Commentarius in Epistolam Pauli ad Romanos*, ed. T. H. L. Parker (Leiden: Brill, 1981), 16.

historical situation, it may also abstain from taking up any *political* option – in the narrower sense of the word »political.«

The answer briefly sketched here to the question »What is political theology?« is aimed, on the one hand, at restoring to a diffusely employed concept the sharpness that alone enables one to make distinctions regarding the matter at issue.[25] On the other hand, our answer attempts to take political theology's own claim to truth radically seriously in order to enter the horizon of its strength. For only when political philosophy engages political theology in the horizon of its strength, or, equivalently, when political philosophy thinks political theology itself, can political philosophy – in its confrontation with political theology – gain clarity on its own cause and know what it itself is not, what it cannot be, and what it does not want to be.[26]

If the question »What is political theology?« first obtains its philosophical significance with respect to the

25 It helps one to keep apart what does not belong together and yet, disregarding what is most important, is often mixed together. Thus, e.g., Rousseau's *religion civile*, which long played a prominent role in the discussion surrounding political theology, is a conception informed by political philosophy. The »articles of faith« that Rousseau postulates in *Du contrat social* IV, 8 »*comme sentiments de sociabilité*« are proposed by a political theoretician who was most definitely not a political theologian and who subjected the presuppositions of political theology to a far-reaching critique. Cf. Jean-Jacques Rousseau, *Discours sur l'inégalité*, ed. Heinrich Meier (Paderborn: Ferdinand Schöningh, UTB 725, 1984, 5th, revised and expanded edition, 2001), xxxii ff., 70 ff., 104, 150, 168, 270, 318 ff., 386 ff.

26 The lines of argumentation that I elaborated in *The Lesson of Carl Schmitt* have been extended and continued in my epilogue »Eine theologische oder eine philosophische Politik der Freundschaft?« to *Carl Schmitt, Leo Strauss und »Der Begriff des Politischen.« Zu einem Dialog unter Abwesenden* (Stuttgart/Weimar: Metzler, 1988; 2d, expanded edition, 1998), 153–90. Part II of the epilogue confronts Jacques Derrida's *Politiques de l'amitié* in light of the distinction between political theology and political philosophy. Furthermore, see my *Leo Strausss and the Theologico-Political Problem* (Cambridge and New York: Cambridge University Press, 2006).

self-knowledge of the political philosopher, then its political relevance arises from the increasing interest political theology has met with in recent years. It gains its sustenance from quite different sources and can be observed in quarters that are separated by great differences. I would like to mention four aspects of this interest. (1) The collapse of the Soviet empire and the worldwide erosion of Marxist hopes that preceded it have in many places inspired the search for a new certainty of faith. (2) Not only do revealed religions promise a security that none of the faded ideologies approach. They also seem to offer an effective foothold for resisting the global triumph of the union of liberalism and capitalism, or rather to present an alternative to the secularism of modernity in its entirety. The weight that both moments have in the anti-Western type of political-religious radicalism is obvious. Such radicalism is, however, just one, even if at present the most spectacular, variety of the revival of Islamic, Jewish, and Christian orthodoxies. (3) Both the disenchantment of political-antireligious utopias and the expectations of salvation that are bound up with the establishment of a theocracy have restored an urgency to the question of the relationship between politics and religion that few granted it for a long time. (4) Compared with the three viewpoints just sketched – the free-floating yearnings for a new absolutely binding commitment, the return of orthodoxies, and the reflection on the question of the theologico-political foundations of the community – the fourth aspect seems to be of lesser significance. Still, it should not be underestimated given the intellectual climate in which a political theory that claims to be grounded in faith in divine revelation is gaining appeal and an audience. I am thinking of those diffuse expectations that in the broad stream of »postmodernity« revolve around the *Ereignis* (appropriating event), which, should it occur, will put an end to the »wandering in the deserts,« and yet must not, if it is to show itself openly in its otherness, if it is to occur precisely as the *Ereignis*, be made the object of a thinking that conceives, distinguishes, and therefore aims at dominance. Jean-François Lyotard has recalled the divine commandment given to Abraham to sacrifice Isaac and Abraham's faithful obedience as the paradigm of the *Ereignis* – of the unforeseeable call as well as the attitude in which one must answer it. The proximity of some »postmodern« authors not only to Kierkegaard, the famous religious writer from Copenhagen, but also to Schmitt, the political theologian from Plettenberg in Westphalia, is greater than it may at first seem. In an intricate way – *dans un état de latence ou dans un état de langueur* – they are turned towards the decisive determinations of the political theologian's cause: authority, revelation, and obedience.

(Translated by Marcus Brainard)

NACHWORT

Der Aufsatz *Was ist Politische Theologie?* ist als Sonderdruck der Veröffentlichung von Jan Assmann *Politische Theologie zwischen Ägypten und Israel* (München, Carl Friedrich von Siemens Stiftung, 2006) entnommen. Ich schrieb ihn 1992 auf Wunsch Jan Assmanns als Einführung zu seinem Buch, das 1992 in erster, 1995 in zweiter, durchgesehener und 2006 in dritter, erweiterter Auflage erschien. In der vorliegenden, um einen Absatz ergänzten Fassung wurde der Text ins Italienische (Riccardo Panattoni ed.: *La comunità. La sua legge, la sua giustizia*. Padua 2000), ins Chinesische (Sammlung meiner Arbeiten zur Kritik der Politischen Theologie, Peking 2002) und ins Polnische (*Teologia Polityczna*, Nr. 1, 2003–2004, Warschau 2003) übersetzt.

Die englische Übersetzung *What Is Political Theology?* erschien zunächst in *Interpretation. A Journal of Political Philosophy* (New York) Volume 30, Issue 1, Fall 2002. In ihrer jetzigen Gestalt wurde sie in meinem Buch *Leo Strauss and the Theologico-Political Problem* (New York, Cambridge University Press, 2006) veröffentlicht.

München, Januar 2006 H. M.

Sonderdruck

ISBN 3-938593-03-2

Carl Friedrich von Siemens Stiftung
Südliches Schloßrondell 23
D-80638 München

Layout und Herstellung Udo Wiedemann
Druck Mayr Miesbach GmbH